Pour Jacob, mon neveu,
que j'adore plus encore que Noël !
E. H.

À Boaz et à la merveilleuse famille Meseg.
T. W.

© 2020 Éditions Mijade
18, rue de l'Ouvrage
5000 Namur (Belgique)
www.mijade.be

Texte français de Nelle Hainaut-Baertsoen

Texte d'Ellie Hattie © 2020 Little Tiger Press Ltd
© 2020 Tim Warnes pour les illustrations
www.timwarnes.com
Titre original : I Love You More Than Christmas
Publié en 2020 au Royaume-Uni par Little Tiger Press,
une marque de Little Tiger Group, London

ISBN 978-2-8077-0111-3
D/2020/3712/35

Imprimé en Chine

J'adore Noël !

Ellie Hattie • Tim Warnes

Famille Souris

Mijade

Les arbres sont couverts de givre,
le froid piquant fait frissonner.
Il y a quelque chose dans l'air…

« C'est bientôt Noël ! »
se réjouit Petit Ours.

« C'est si gai, les papiers, les rubans,
les cadeaux qu'on offre,
et surtout ceux qu'on reçoit…
J'adore Noël ! »

DING! DONG!

« Bonjour, Facteur ! » dit Maman Ours.
« Qu'y a-t-il dans votre sacoche ? »
demande Petit Ours.

« Je suis de retour ! » crie Papa Ours
qui franchit la porte d'un pas lourd.

«Quel beau sapin!» s'émerveille Petit Ours.
«Je n'en ai jamais vu d'aussi grand!»

Pendant que Petit Ours et son papa
installent à grand-peine le sapin dans le salon…

… Maman Ours grimpe au grenier en chantonnant.
« Voyons, où sont ces décorations ? »

« Ah ! que j'aime les boules, et les guirlandes,
et toutes ces jolies choses…

… qui rendent plus belle la maison.
J'adore Noël ! »

« Oh là là ! »
s'écrie Maman Ours,
impressionnée.

« C'est un sapin
géant ! »

Mais quand on s'y met tous ensemble,
le travail avance vite.
« Voilà, c'est magnifique ! »

Papa Ours pousse un soupir de satisfaction :
« Je crois que nous pouvons être fiers de nous.
Il ne manque plus qu'une chose… »

« Une belle étoile dorée ! »
dit Maman Ours.
Mais tout à coup…

BIP-BIP!
BIP-BIP!

C'est le four.

« Les petits gâteaux ! »
s'exclame Maman Ours.
« Il faut encore les décorer.
Vite, tout le monde en cuisine ! »

Petit Ours et son papa s'affairent
dans un nuage de sucre glace.
« Ah ! Les friandises de Noël ! » fait Papa, rêveur.
« Les petits gâteaux, les chocolats, bientôt la bûche…
Toutes ces douceurs, ça fait chaud au cœur.
J'adore Noël ! »

« C'est No

« Écoutez ! » dit Petit Ours, tout excité. « Ils sont là ! »
Et il ouvre grand la porte pour laisser entrer la musique.

La chorale de Noël
qui parcourt les rues de la ville
s'est arrêtée devant chez eux.

« C'est Noël,
c'est joli Noël,
il neige, neige dans le ciel... »

« Bravo ! » dit Maman Ours
à la fin de la chanson.
« Ça mérite bien
une petite récompense… »

« Oh, merci ! » s'exclament les petits chanteurs
en entrant se mettre au chaud.

« On adore Noël !
Les chansons, les applaudissements, les petits gâteaux… »
Et les voilà tous qui dansent joyeusement.

Mais il se fait tard,
et il s'est remis à neiger.
Les petits chanteurs
doivent rentrer chez eux.

À peine Papa Ours
a-t-il refermé la porte
que DONG ! l'horloge sonne.

« Il est l'heure de dormir ! »
Maman Ours emmène Petit Ours…

… et il se prépare à aller au lit.

« Maman, Papa », fait Petit Ours en bâillant,
« J'adore Noël !
Les amis avec qui on rit, toute cette joie,
la famille bientôt réunie,
le père Noël qui va passer… »

« Je suis si content !
J'adore Noël ! »

« Nous aussi, on adore Noël ! »
disent ses parents en l'embrassant.

« Mais ce qu'on adore encore plus... c'est TOI ! »
Joyeux Noël !